MAYAS

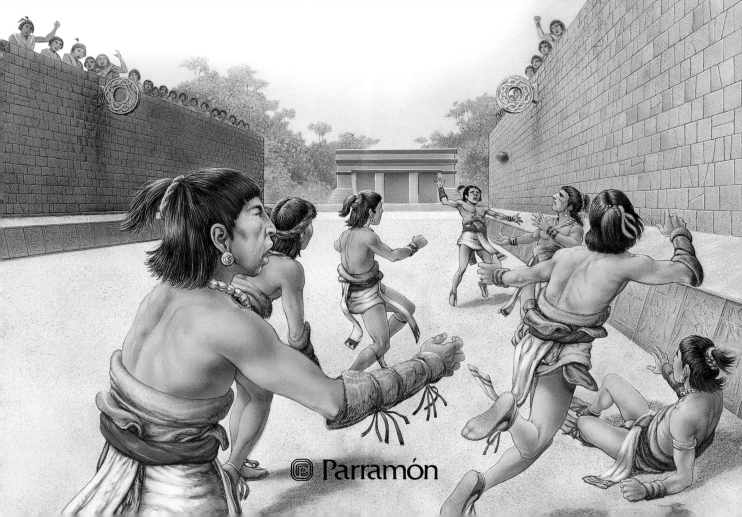

Parramón

Proyecto y realización
Parramón Ediciones, S.A.

Dirección editorial
Lluís Borràs

Ayudante de edición
Cristina Vilella

Textos
Dolores Gassós

Diseño gráfico y maquetación
Estudi Toni Inglés

Ilustraciones
Estudio Marcel Socías

Dirección de producción
Rafael Marfil

Producción
Manel Sánchez

Primera edición: abril 2005

Grandes civilizaciones
Mayas
ISBN: 84-342-2738-X

Depósito legal: B-7.487-2005

Impreso en España
© Parramón Ediciones, S.A. – 2005
Ronda de Sant Pere, 5, 4ª planta
08010 Barcelona (España)
Empresa del Grupo Editorial Norma

www.parramon.com

SUMARIO

4   Esplendor en la América precolombina

8   **Geografía maya**
La península del Yucatán

10   **El maíz**
La savia de la vida

12   **Los dioses**
Espíritus sedientos de sangre

14   **Las clases sociales**
Del rey a los campesinos

16   **Centros ceremoniales**
El mundo secreto de gobernantes y sacerdotes

18   **La pirámide**
Un edificio simbólico con varias funciones

20   **El juego de pelota**
Un deporte a vida o muerte

22   **Astronomía**
El calendario maya

24   **Artesanía**
Arte al servicio de lo cotidiano

26   **Una casa maya**
La vida sencilla de la gente corriente

28   **La escritura**
Un sistema basado en los glifos

30   Los grandes períodos / ¿Sabías que...

EN LAS SELVAS DE AMÉRICA CENTRAL

No deja de resultar sorprendente que un pueblo que no conocía las aplicaciones prácticas de la rueda y que no utilizaba los animales ni para el trabajo ni para el transporte, lograra crear una de las civilizaciones más brillantes de la historia de la humanidad. Los mayas disponían de unos adelantos técnicos muy limitados y, a pesar de ello, colonizaron una parte importante de América Central y construyeron numerosas ciudades-estado cuyos impresionantes monumentos despiertan todavía hoy la admiración de las gentes. Esta civilización había entrado ya en decadencia a comienzos del siglo XVI, cuando llegaron a la zona los conquistadores españoles, a través de los cuales Europa conoció la grandeza y la leyenda de los mayas.

El presente libro pretende despertar en los jóvenes lectores el interés por la apasionante civilización maya mediante una breve introducción histórica y once temas en los que se abordan con textos e ilustraciones algunos de los aspectos más importantes de una cultura que duró más de 3.000 años. La imagen central permite hacerse una idea inmediata del tema tratado mientras que los textos, informativos y anecdóticos al mismo tiempo, proporcionan los conocimientos básicos sobre la cuestión. Al final se presenta como aportación complementaria una cronología con los principales períodos de la historia maya y un pequeño compendio de curiosidades.

ESPLENDOR EN LA AMÉRICA PRECOLOMBINA

Estos glifos son signos que los mayas utilizaban para designar los días y los años.

EL PUEBLO DEL MAÍZ

Los mayas se instalaron en la región del Petén y en la península del Yucatán hacia el año 1500 a.C. Se ignora su procedencia y el motivo por el cual fueron capaces de desarrollar a partir de entonces una civilización extraordinariamente avanzada, con un sistema político estructurado en ciudades-estado, una administración muy bien organizada, una religión muy completa tanto en el plano teórico como en lo que respecta a los actos de culto y un arte de gran belleza y perfección. Estas gentes vivieron en los actuales territorios de Guatemala, Honduras, Belice y el sur de México hasta la llegada de los españoles, que hicieron acto de presencia en 1515 pero no conquistaron definitivamente la región hasta 1696. Cuando llegaron los conquistadores, la civilización maya estaba ya en declive y la mayoría de sus centros ceremoniales se hallaban en estado de abandono.

La historia maya abarca un largo período de tiempo que los estudiosos han dividido en tres grandes etapas:
• el Preclásico, aproximadamente desde el 1500 a.C. hasta el 317 d.C.;
• el Clásico, que abarca los años comprendidos entre el 317 y el 889 de la era cristiana;
• el Posclásico, que va del año 889 al 1696.

Sistema de roturación del campo maya: 1. tala de árboles; 2. secado de los troncos; 3. quema de troncos; 4. sembrado en época de lluvias; 5. cosecha.

Representación de Tlacatzinacantli, el hombre-murciélago.

UN COMIENZO PROMETEDOR

Los primeros asentamientos mayas conocidos se encuentran en la zona del Pacífico y datan de una fecha anterior al 1500 a.C., año en el que se sitúa el inicio del Preclásico. Este período, que señala el comienzo de la civilización maya propiamente dicha, se caracteriza por la aparición de sociedades complejas y por la plena expansión y el amplio dominio de la agricultura, basada en el maíz. En esa época, los mayas, que ya se habían adaptado a las características de su nuevo medio geográfico, fueron perfeccionando el arte de la cerámica y empezaron a formar el corpus religioso que les dio consistencia como pueblo.

Los mayas nunca llegaron a formar un estado único. Su organización política se basaba en ciudades-estado, que eran grandes centros religiosos y administrativos gobernados por un rey. Cada ciudad-estado dominaba un territorio más o menos extenso, en el que había numerosas aldeas de campesinos gobernadas por un representante del rey. A veces, las ciudades-estado se enfrentaban entre sí y se cree que esos enfrentamientos pudieron ser la causa de algunos de los períodos de decadencia que se dieron en la historia maya. Cuando el rey de una ciudad-estado derrotaba al de otra ciudad-estado, hacía prisioneros a los miembros de la familia real y se quedaba con todas las posesiones del soberano derrotado. La llegada de los prisioneros a los dominios del vencedor propiciaba festejos multitudinarios en el curso de los cuales solían realizarse sacrificios humanos.

Durante el Preclásico, algunas de las ciudades-estado que alcanzaron mayor esplendor y desarrollo fueron Tikal, Copán, Palenque y Cobá.

DOS GRANDES DESCUBRIMIENTOS: LA ESCRITURA Y EL CALENDARIO

Hacia el Preclásico tardío apareció la escritura, gracias a la cual la civilización maya evolucionó hacia el llamado período Clásico, que fue el de su máximo esplendor. Los dos grandes avances del Clásico fueron el desarrollo de la escritura y la aparición del calendario. Estos dos factores han hecho posible el conocimiento en nuestros días de la historia maya, ya que existen estelas de piedra que recogen los nombres y la sucesión cronológica de los principales reyes de diversas ciudades-estado.

La inquietante máscara funeraria de jade del gobernante Pakal. Se hallaba en el Templo de las Inscripciones, en Palenque.

Y gracias a la información escrita contenida en los códices mayas, se han podido conocer las leyendas tradicionales y las creencias religiosas.

Durante el período Clásico aparecieron y se perfeccionaron aspectos tan característicos del mundo maya como las estelas fechadas, los edificios con bóvedas de piedra caliza en saledizo y el típico estilo arquitectónico que define a este pueblo tan capaz y emprendedor. Las artes en general alcanzaron su mayor florecimiento hacia el año 790, época en la que se registró una actividad constructiva sin precedentes y en la que experimentaron su mayor prosperidad algunos de los centros mayas más famosos, como Copán, Piedras Negras, Yaxchilán, Palenque, Calakmul, Edzná, etc.

RESURGIR DE LAS PROPIAS CENIZAS

Hacia comienzos del siglo IX, la población de la zona maya descendió de manera drástica, se abandonaron muchas ciudades-estado y dejaron de realizarse estelas de piedra. Los estudiosos no saben a ciencia cierta cuál es la causa de esta repentina decadencia, que podría deberse a catástrofes naturales, a guerras entre los propios mayas o a una escasez generalizada de alimentos. A veces se señala como motivo la erupción de un volcán de Guatemala, que arrojó lava y cenizas a 40 kilómetros a la redonda y provocó grandes destrucciones y cambios climáticos.

Vasija de cerámica maya decorada.

En este fragmento del códice Laud puede verse a un hombre sentado sobre el glifo del Árbol de la Vida.

Sea como fuere, la civilización maya entró en un letargo, del que no salió hasta comienzos del siglo X, cuando llegaron a la península del Yucatán gentes procedentes del norte que asimilaron la cultura maya y la llevaron a un nuevo florecimiento. Por entonces surgieron en el Yucatán nuevos asentamientos como Uxmal, Chichén Itzá o Mayapán, que fueron los grandes protagonistas del período Posclásico. Éste se caracterizó por una densidad de población considerable y una organización social más compleja que en las etapas anteriores. La actividad arquitectónica recobró su antiguo auge y la cerámica produjo vasijas de una gran perfección técnica, aunque menos ornamentadas que en épocas pasadas.

LA PERTURBADORA LLEGADA DE LOS ESPAÑOLES

Los españoles desembarcaron en la zona maya a partir de 1515. Los mayas no eran un estado poderoso, dada su estructuración en ciudades-estado, pero en vista del peligro, esas pequeñas entidades independientes se aliaron para combatir al invasor y lograron mantenerlo a raya durante un tiempo. De hecho, los españoles llevaron a cabo dos intentos infructuosos de conquista en 1527-1528 y

en 1531-1535. A mediados del siglo XVI, cuando los conquistadores emprendieron su último y definitivo ataque, había en el Yucatán unos dieciocho estados mayas independientes.

El factor que favoreció la derrota definitiva de este pueblo fue la venganza personal de un rey maya. Este hecho desencadenó una terrible guerra civil que debilitó a los mayas. Además, algunos traidores se aliaron con los españoles, los cuales volvieron a la zona y subyugaron con extrema facilidad a un pueblo exhausto y mermado por la guerra y por las enfermedades.

Y así fue como desapareció para siempre una civilización capaz de organizar solemnes festejos religiosos y civiles y de construir unos centros ceremoniales inmensos, que en muchos casos han perdurado hasta nuestros días como prueba de la grandeza de un pueblo que dominó una gran parte de América Central a lo largo de muchos siglos.

LA PENÍNSULA DEL YUCATÁN

Hacia el año 1500 a.C. se estableció en América Central un pueblo indígena de procedencia desconocida que creó una civilización sorprendentemente avanzada. Esas gentes se asentaron sobre todo en las tierras altas cercanas al océano Pacífico, pero hacia el año 1000 se trasladaron a las llanuras de la península del Yucatán, donde erigieron sus principales centros urbanos. Son tierras cubiertas en buena parte de selva tropical y surcadas por ríos caudalosos que se reparten entre los actuales estados de México, Guatemala, Belice y Honduras.

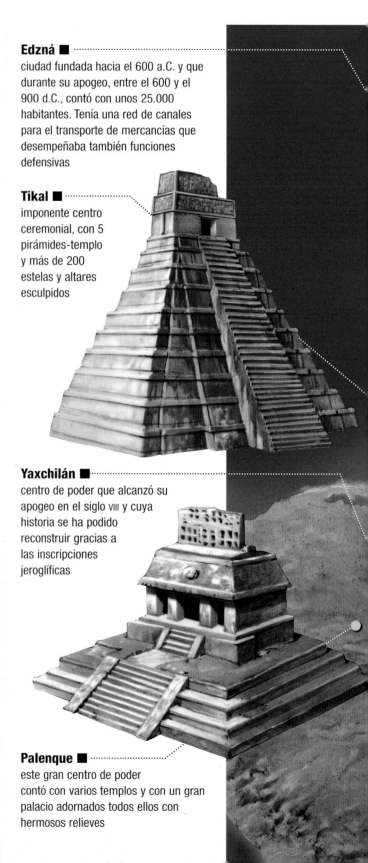

Edzná ■ ciudad fundada hacia el 600 a.C. y que durante su apogeo, entre el 600 y el 900 d.C., contó con unos 25.000 habitantes. Tenía una red de canales para el transporte de mercancías que desempeñaba también funciones defensivas

Tikal ■ imponente centro ceremonial, con 5 pirámides-templo y más de 200 estelas y altares esculpidos

Yaxchilán ■ centro de poder que alcanzó su apogeo en el siglo VIII y cuya historia se ha podido reconstruir gracias a las inscripciones jeroglíficas

Palenque ■ este gran centro de poder contó con varios templos y con un gran palacio adornados todos ellos con hermosos relieves

La selva tropical

Las principales ciudades-estado mayas se construyeron en medio de una espesa selva tropical formada por árboles de gran altura, como la caoba, el cedrelo o las palmeras, y habitada por animales como el jaguar, el quetzal o el tucán.

EL CLIMA DE LA ZONA MAYA

En la región que habitaban los mayas el calor es constante a lo largo de todo el año y las estaciones sólo se distinguen por las lluvias. Hay una estación seca y una estación húmeda, que marcaban el ritmo de la vida maya, sobre todo, el de los trabajos agrícolas.

Uxmal ■
impresionante ciudad
construida entre los siglos
VII y X d.C. Las fachadas
de los edificios presentan
una decoración muy rica
y variada

■ **Izamal**
este antiguo centro de peregrinación
contó con una docena de santuarios
dedicados al dios creador Itzamná y
al dios del Sol Kinich Ahau

Chichén Itzá ■
centro ceremonial muy
importante y extenso,
que fue seguramente
un lugar donde se
ofrecían sacrificios
al dios de la lluvia

Labná

Tulum

Sayil

Chacmultún

Dzibilnocac

■ **Lamanai**
gran centro ceremonial
situado a orillas de la
laguna de Río Nuevo.
Cuenta con una pirámide
de 35 metros de altura
con grandes máscaras

Copán ■
esta ciudad se construyó
durante el período Preclásico
de la civilización maya y fue
también un centro de
investigación astronómica

Hochob

Balamku

Becán

Chicanná

Xpujil

Hormiguero

Kohunlich

Calakmul

Uaxactum

Xunantunich

■ **Bonampak**
pequeño centro
ceremonial y
señorial que
conserva unas
pinturas murales
muy importantes
en las tres
cámaras de uno
de sus templos

LA SAVIA DE LA VIDA

La principal actividad económica del mundo maya era la agricultura, que se llevaba a cabo en tierras de la comunidad y se centraba esencialmente en el cultivo de maíz, frijoles, calabazas, mandioca, cacao, aguacates y tomates. El maíz, una planta originaria de la zona maya, no llegó a Europa hasta el siglo XVI y después se extendió por todo el mundo. La siembra y la cosecha de esta gramínea determinaban las principales festividades religiosas de los mayas, y de sus granos se obtenían los alimentos básicos.

■ **tortillas**
el alimento principal de los que se elaboraban con pasta de maíz era la tortilla o tlaxcalli, una torta muy fina que se cocía en un recipiente de arcilla

■ **pasta de maíz**
la pasta resultante de moler el maíz se utilizaba para hacer diversos alimentos como las papillas de maíz

■ **comal**
para cocer las tortillas de maíz se utilizaba el comal, un plato de arcilla muy grande con los bordes ligeramente levantados

■ **granos**
cuando la mazorca se desgranaba, los granos de maíz podían consumirse hervidos o ponerse en remojo en agua y cal viva para ablandarlos

■ **metate**
los granos de maíz reblandecidos se molían en el metate, una piedra rectangular en la que se aplastaban con un rodillo de piedra llamado mano

EL CACAO

Una de las grandes riquezas de la zona maya era el árbol del cacao, que crecía en Guatemala y en algunas zonas del sur de México. Los granos de cacao llegaron a utilizarse como moneda de cambio debido a su gran valor, ya que con ellos se elaboraba una bebida muy apreciada por las elites.

■ posol

los mayas también obtenían del maíz una bebida muy parecida a la cerveza que procedía de la fermentación de los granos y que llamaban posol

palo cavador ■

para el cultivo del maíz, los agricultores mayas empleaban el palo cavador y diversos utensilios de piedra. Desconocían el arado y su único animal doméstico era el perro

■ mazorca

el fruto del maíz es la mazorca, que los mayas consumían con frecuencia tostada directamente sobre la lumbre

ESPÍRITUS SEDIENTOS DE SANGRE

Los dioses mayas nacieron como personificaciones de las fuerzas de la naturaleza que actúan sobre los hombres y su entorno. Eran deidades benéficas o maléficas, que ejercían una influencia positiva o negativa sobre la vida de los hombres, pero su intervención no tenía un carácter inexorable, sino que podía reorientarse mediante la adecuada ejecución de ritos y sacrificios. En el panteón maya, el dios más importante era Itzamná, el creador de todos los hombres y animales.

relieves ■
Chac es el dios más representado en el mundo maya y su curioso rostro aparece esculpido en relieve en numerosos edificios

Chac ■
en el dios Chac, la importante divinidad de la lluvia, la nariz larga y saliente recuerda la cabeza de una serpiente

ojos y orejas ■
los prominentes ojos de Chac son de aspecto humano y también guardan relación con el ser humano los adornos de sus orejas

divinidad benéfica ■
Chac era una divinidad benéfica, que proporcionaba la necesaria lluvia y provocaba los fenómenos atmosféricos, como el viento, el trueno o el relámpago

colmillos ■
su boca llena de colmillos lo emparenta con el jaguar, un mamífero muy venerado por los mayas

EL INFRAMUNDO

Dentro de la mitología maya ocupaba un lugar muy destacado el inframundo o mundo subterráneo, por el que vagaba el dios del Sol durante la noche. Era una región sombría y gélida, dominada por los dioses de la Muerte. Los animales salvajes campaban en ella a sus anchas y afilados cuchillos volaban por los aires de acá para allá.

■ imágenes

los mayas no solían representar a sus dioses con aspecto antropomorfo, sino como una mezcla de rasgos vegetales, animales y humanos

■ puntos cardinales

a Chac se le podía representar en solitario o en grupos de cuatro, en alusión a su condición de divinidad de los cuatro puntos cardinales

■ culto

el culto a Chac, como a los restantes dioses mayas, consistía básicamente en fiestas, danzas rituales y sacrificios de animales

dios
del Maíz

dios
del Sol

Otros dioses

Los mayas también rendían culto a otras divinidades como el dios del Sol, la diosa de la Luna, la diosa del Agua, el dios de los Muertos y el dios del Maíz. Kinich Ahau, el dios del Sol, era una divinidad asociada al jaguar, que nacía y moría cada día de acuerdo con el ciclo solar. Kauil, el dios del Maíz, tenía el aspecto de un hombre joven con un alto tocado formado por hojas de maíz abiertas.

DEL REY
A LOS CAMPESINOS

La sociedad maya estaba estrictamente jerarquizada. La cúspide de la pirámide social la ocupaba la nobleza, integrada por familias que transmitían por herencia los cargos y los privilegios. De las estirpes nobles salían los reyes, los jefes militares y los sacerdotes, que constituían la elite de la sociedad, y de sus filas procedían también los funcionarios y los guerreros. Las clases sociales restantes tenían que ganarse la vida con su trabajo y estaban obligadas a pagar tributos a las clases superiores en trabajo o en especie. Eran los artesanos, los comerciantes y los campesinos.

Los guerreros

Los guerreros mayas procedían de las familias de la nobleza y recibían una formación específica. Dedicaban su vida a la defensa del territorio o a luchar contra otras ciudades-estado con el fin de aumentar el ámbito de poder y de dominio de su propio rey.

príncipes ■
a los príncipes, que seguían en importancia al rey, les correspondía el gobierno de las aldeas, el desempeño de la administración del estado y los altos cargos militares

tocados ■
todas las personas de alto rango cubrían su cabeza con tocados de gran tamaño y enorme complejidad que tenían un significado simbólico

campesinos ■
los campesinos formaban la clase social más baja y, además de ocuparse del cultivo de los campos, trabajaban en las obras públicas y en los transportes

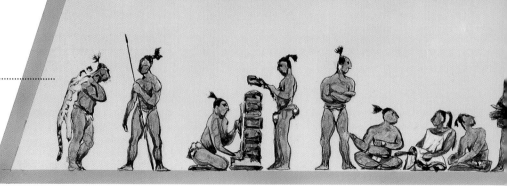

■ reyes

en lo más alto de la sociedad maya estaban los reyes, que dictaban las leyes, escogían a los gobernantes y tomaban las decisiones más importantes

LOS ESCLAVOS

La esclavitud no era una condición hereditaria, sino un estado al que se accedía al ser atrapado como prisionero de guerra o al cometer determinados delitos, como el robo. El destino principal de los esclavos sería el de servir como víctimas para los sacrificios humanos.

■ atuendo

los reyes vivían en grandes palacios junto con sus familiares y lucían hermosos atuendos con ocasión de las ceremonias solemnes

■ manikin

el bastón o cetro ceremonial que solían llevar como signo distintivo los altos dignatarios mayas se llamaba manikin en la lengua indígena

■ armas

las armas, como el escudo y la lanza, constituían una señal de poder y autoridad; sólo podían llevarlas el rey, los príncipes y los guerreros

■ sacerdotes

los sacerdotes tenían un gran poder gracias a la influencia de sus consejos y sentencias; eran los depositarios del saber y de la ciencia maya y presidían las ceremonias religiosas

■ forma de vestir

el modo de vestir de cada individuo dependía de su clase social y del cargo que desempeñaba

■ artesanos

los artesanos pertenecían a la clase trabajadora pero a veces vivían con la nobleza, a la que servían con carácter permanente

EL MUNDO SECRETO
DE GOBERNANTES Y SACERDOTES

Entre los mayas, los centros ceremoniales eran núcleos compuestos principalmente
por construcciones religiosas de carácter monumental. Los únicos habitantes
de esos centros sagrados eran los sacerdotes y los reyes con sus familiares
y su corte, además de los sirvientes y de algunos artesanos que trabajaban
allí a tiempo completo. El resto de la población sólo podía visitar
los centros ceremoniales con ocasión de las grandes
festividades religiosas o civiles.

amplitud ■
los centros ceremoniales
ocupaban un espacio muy
extenso y solían estar
situados en medio
de la selva

Estelas

En algunos centros ceremoniales los mayas levantaron grandes
estelas de piedra con los retratos de sus gobernantes y las
fechas más destacadas de sus reinados. Gracias a esos
monumentos conmemorativos, se conocen con detalle amplios
períodos de la historia maya.

ALUCINÓGENOS

Los mayas sabían utilizar
las plantas que crecían en
sus territorios para la
obtención de productos
medicinales y también de
sustancias alucinógenas
que consumían los
sacerdotes para entrar en
trance con ocasión de las
fiestas rituales.

calzadas ■
los distintos edificios estaban
diseminados anárquicamente
y comunicados entre sí
mediante calzadas
empedradas

observatorios ■
en algunos casos, los
complejos ceremoniales
contaban también con un
observatorio astronómico

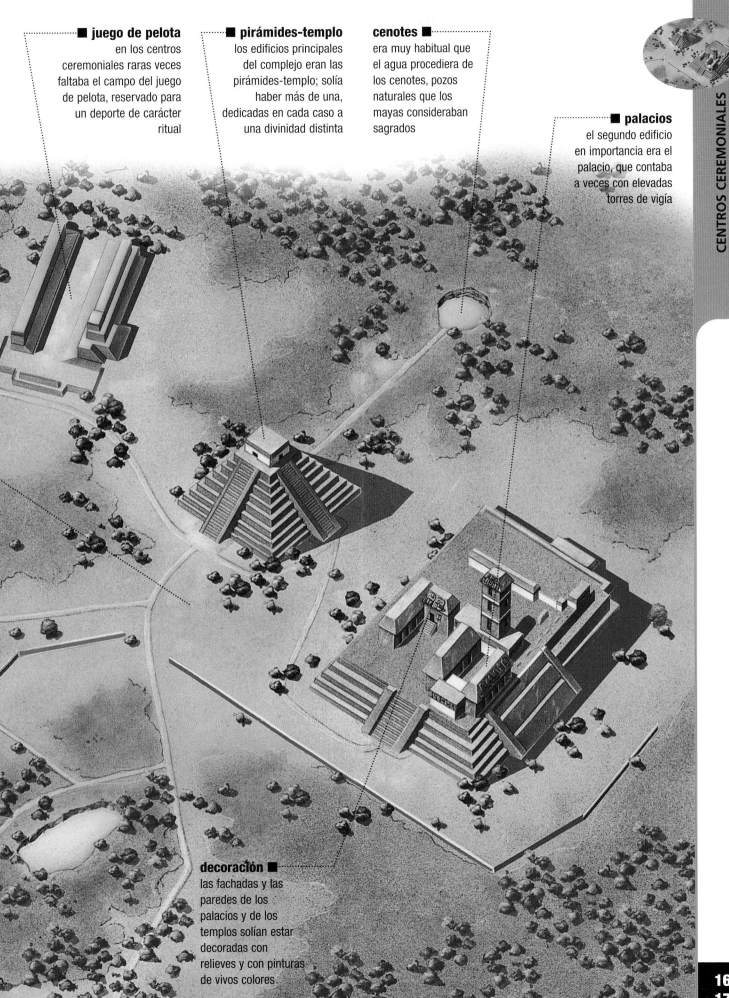

■ juego de pelota
en los centros ceremoniales raras veces faltaba el campo del juego de pelota, reservado para un deporte de carácter ritual

■ pirámides-templo
los edificios principales del complejo eran las pirámides-templo; solía haber más de una, dedicadas en cada caso a una divinidad distinta

cenotes ■
era muy habitual que el agua procediera de los cenotes, pozos naturales que los mayas consideraban sagrados

■ palacios
el segundo edificio en importancia era el palacio, que contaba a veces con elevadas torres de vigía

decoración ■
las fachadas y las paredes de los palacios y de los templos solían estar decoradas con relieves y con pinturas de vivos colores

UN EDIFICIO SIMBÓLICO
CON VARIAS FUNCIONES

La pirámide era el edificio principal de los centros ceremoniales mayas, y habitualmente en cada núcleo sagrado había más de una. Todas alcanzaban una gran altura, ya que con ello se realzaba la categoría de los sacerdotes que oficiaban rituales sagrados desde su parte superior. A veces, las pirámides disponían en su zona más elevada de una pequeña cámara destinada a amplificar la voz de los sacerdotes para que se les pudiera oír con claridad desde cualquier punto del centro ceremonial.

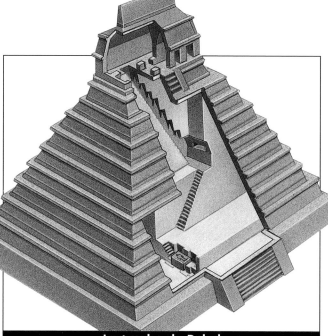

plataformas ■ ┈┈┈┈┈┈┈
la mayoría de las pirámides tienen nueve plataformas escalonadas, ya que el número 9 tenía un gran significado en las concepciones cósmicas mayas

La tumba de Pakal

El rey Pakal, que gobernó en Palenque del 615 al 683 d.C., mandó construir el Templo de las Inscripciones e hizo alojar en el interior su propia cámara funeraria. En ella se depositó su cuerpo, cubierto con una preciosa máscara de jade y situado dentro de un sarcófago de piedra con la tapa esculpida en relieve.

"EL CASTILLO"

La pirámide principal de Chichén Itzá, conocida como "El castillo", encierra un simbolismo relacionado con el calendario: tiene 91 peldaños en cada una de sus cuatro escalinatas, lo que sumado da los 365 días del año solar al añadirle el escalón del dintel de entrada.

piedra ■ ┈┈┈┈┈┈┈
todas las pirámides mayas son de piedra, material que cubre en ocasiones una estructura interior de adobe

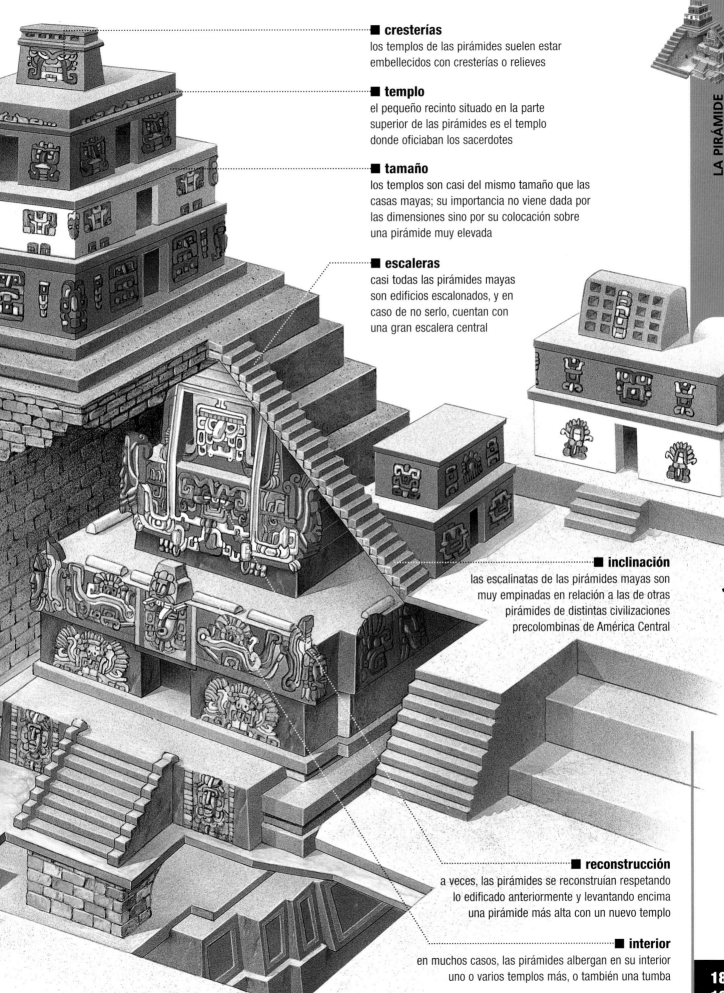

crESTERÍAS

los templos de las pirámides suelen estar
embellecidos con cresterías o relieves

templo

el pequeño recinto situado en la parte
superior de las pirámides es el templo
donde oficiaban los sacerdotes

tamaño

los templos son casi del mismo tamaño que las
casas mayas; su importancia no viene dada por
las dimensiones sino por su colocación sobre
una pirámide muy elevada

escaleras

casi todas las pirámides mayas
son edificios escalonados, y en
caso de no serlo, cuentan con
una gran escalera central

inclinación

las escalinatas de las pirámides mayas son
muy empinadas en relación a las de otras
pirámides de distintas civilizaciones
precolombinas de América Central

reconstrucción

a veces, las pirámides se reconstruían respetando
lo edificado anteriormente y levantando encima
una pirámide más alta con un nuevo templo

interior

en muchos casos, las pirámides albergan en su interior
uno o varios templos más, o también una tumba

UN DEPORTE A VIDA O MUERTE

Más que un entretenimiento o un deporte de competición, el juego de pelota era una actividad de carácter ritual que acababa con el sacrificio de los perdedores. Este rito sangriento lo practicaron todas las civilizaciones de América Central, no sólo los mayas, pero las reglas y las características del juego no se conocen con precisión, ya que los conquistadores españoles hicieron todo lo posible por hacerlo desaparecer, al considerarlo un rito infernal.

espectadores ■
junto a los lados mayores del campo había sendos espacios en los que se situaban los espectadores

anilla ■
en los lados mayores se hallaba una gran anilla de piedra con un pequeño orificio en el centro

Un final sangriento

Existen numerosos relieves en los que se ve a los ganadores del juego de pelota ejecutando a sus rivales; a veces, la sangre de éstos se transforma en serpientes y en plantas, lo que permite suponer que el juego de pelota era en último extremo un rito de fertilidad.

campo ■
el campo del juego de pelota tenía forma de "T" y sus dimensiones oscilaban entre los 30 y los 45 metros de longitud

cancha ■
la cancha en la que se movían los jugadores era una superficie llana con una raya pintada en el centro

equipamiento ■
todos los jugadores llevaban un faldón de piel, y en muchos casos se protegían también con rodilleras y protectores de brazos

LA PELOTA

La pelota era una esfera de caucho casi tan grande como la cabeza de un ser humano. Resultaba inmensa en proporción al orificio por el que debía pasar y muy pesada para las partes del cuerpo que golpeaba.

habilidad ■

se trataba de conseguir que la pelota permaneciera el mayor tiempo posible sin tocar el suelo

toques ■

los jugadores sólo podían tocar la pelota con las nalgas, las caderas o las rodillas; si la tocaban con cualquier otra parte del cuerpo cometían una falta

goles ■

el equipo que conseguía pasar la pelota por la anilla ganaba automáticamente el partido, con independencia de la puntuación conseguida hasta entonces

EL CALENDARIO MAYA

Gracias a la observación de los astros, los mayas fueron capaces de establecer un calendario muy preciso. El calendario determinaba las fechas adecuadas para la siembra y la cosecha, los días benéficos y los días adversos, así como las grandes celebraciones religiosas y civiles. Estas últimas solían coincidir con los solsticios o con los equinoccios, ya que en esas fechas los sacerdotes conseguían impresionar al pueblo mediante determinados efectos luminosos derivados de su conocimiento exacto de la posición del Sol.

LA CIENCIA MAYA

A pesar de que carecían de lentes, de relojes y de instrumentos de medición, los mayas llegaron a conocer las fases de la Luna, eran capaces de pronosticar los eclipses de Sol y de Luna y conocían bien planetas como Venus o Marte. También poseían unos sólidos conocimientos matemáticos.

■ **años**
los años se designaban con el nombre del día del ciclo profético que coincidía con el día de Año Nuevo

■ **52 años**
de acuerdo con este sistema de designación, los nombres de los años no se repetían hasta al cabo de 52 años, por lo que el ciclo de 52 años era la principal unidad cronológica entre los mayas

El observatorio astronómico

Los observatorios astronómicos se situaban y se orientaban de tal manera que favorecieran la observación de los astros a simple vista, ya que los mayas no disponían de lentes para la contemplación de objetos lejanos.

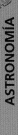

■ **nombres**

los 20 días del ciclo profético
tenían nombres de animales,
plantas, fenómenos naturales o
conceptos abstractos

■ **meses**

los 365 días del
año se dividían en
18 períodos de 20
días cada uno, a
los que se añadían
al final del año
5 días que se
consideraban
adversos

■ **rotación**

el movimiento
rotatorio de la rueda
del calendario
permitía establecer
las coincidencias
entre el ciclo festivo
y el ciclo profético

■ **ciclos**

el calendario maya
estaba formado por dos
ciclos distintos: el ciclo
festivo y el ciclo
profético

**representación
gráfica** ■

en la representación
gráfica del
calendario, los glifos
indican el nombre de
los días o de los
meses y los números
el día del mes

■ **ciclo festivo**

el ciclo festivo
coincidía muy
aproximadamente
con el año solar, ya
que constaba de
365 días

■ **ciclo profético**

el ciclo profético constaba de 260 días
y se formaba mediante la combinación
de 20 nombres de días con 13 números

ARTE AL SERVICIO DE LO COTIDIANO

Entre todas las culturas precolombinas, la de los mayas fue la que alcanzó un mayor nivel de perfección artística. Su actividad constructiva fue mucho mayor que la de otros pueblos; la escultura y la pintura lograron un gran desarrollo como artes al servicio de la arquitectura, y la artesanía sobresalió por su variedad y por su capacidad de aplicar el arte a los aspectos más insospechados de la vida cotidiana. Así, en el mundo maya, artesanía e indumentaria son dos conceptos estrechamente relacionados.

Sellos

Los mayas hacían sellos de arcilla, y raras veces de piedra, que utilizaban sobre todo para la estampación de dibujos sobre los tejidos. Los sellos solían ser planos pero también los había cilíndricos, y en este caso permitían estampar una sucesión continuada del dibujo.

PEINADOS

Las mujeres mayas llevaban el cabello largo y se lo peinaban de diversas maneras, a veces con complicados tocados que ocultaban la cabellera. Los hombres también llevaban el pelo largo, parcialmente recortado en lo alto y recogido en cola de caballo.

adornos ■
los altos dignatarios mayas solían llevar adornos al cuello, en las muñecas, en las orejas y a la espalda

maestros ■
los artesanos que trabajaban el jade, la obsidiana y otros materiales, como el ónix, la diorita o la serpentina, eran capaces de realizar piezas de gran belleza y perfección

materiales ■
habitualmente, los adornos eran de jade, una piedra verde a la que se le atribuían poderes mágicos, o de obsidiana, una piedra negra de origen volcánico

sandalias ■
las sandalias constaban de una talonera y de una plantilla sujeta al pie mediante dos correas que pasaban entre los dedos y se anudaban a la altura del tobillo

■ **tocados**
los tocados ceremoniales, además de plumas, podían incluir máscaras de animales que tenían un significado simbólico

■ **plumas**
en los tocados mayas raras veces faltaban las plumas, pertenecientes casi siempre al quetzal, un ave que se consideraba sagrada

■ **arte plumaria**
el arte plumaria, es decir, el arte de hacer bellos adornos con plumas de ave, fue una de las artesanías que mejor dominaron y más cultivaron los mayas

■ **fajas**
los hombres mayas llevaban normalmente una especie de taparrabos o faja de algodón alrededor de la cintura, y en ocasiones lucían faldas hasta las rodillas o los tobillos

■ **pieles**
las prendas de vestir solían ser de algodón, que se teñía con diversos colorantes naturales, pero en las ocasiones señaladas se utilizaban también grandes capas de piel

LA VIDA SENCILLA DE LA GENTE CORRIENTE

La vida de los campesinos y de los artesanos mayas era muy humilde. Vivían cerca de los campos de cultivo en casas muy pequeñas que compartían con su familia directa. No había clanes. Los hombres dedicaban casi todo el día al trabajo en el campo y las mujeres trabajaban ocasionalmente en los huertos y se ocupaban de lo relativo a la elaboración de los alimentos. Los niños no iban a la escuela y empezaban a trabajar desde muy pequeños. En estas clases sociales nadie sabía ni leer ni escribir.

casas ■
la mayoría de las casas eran de bajareque, es decir, de palos entretejidos con cañas y barro, y los tejados se construían con hojas de palma o con hierbas

tejados ■
los tejados eran muy inclinados para que el agua de las lluvias torrenciales resbalara y no se formaran goteras

ajuar ■
en el interior de la casa lo único que había era esteras para dormir y sentarse, tejidos para transportar las cargas y algunos recipientes de mimbre y de cerámica

niños ■
las madres se ocupaban del cuidado de sus hijos pequeños, a los que transportaban en bandoleras de tela colgadas al hombro

esteras ■
el suelo del interior de la vivienda se cubría con esteras y con tejidos para protegerlo de la humedad

LA CERÁMICA

Los mayas no sólo utilizaban la cerámica para la elaboración de objetos de uso cotidiano, sino también para hacer bonitas estatuillas de hombres o mujeres y vasos rituales decorados con complejas escenas de vivos colores.

■ **vestidos**
por lo general, los campesinos llevaban simplemente un taparrabos, mientras que las mujeres vestían una túnica suelta que les llegaba hasta los pies

Los descendientes de los mayas viven actualmente en el sur de México y en Guatemala y conservan algunas de las costumbres de sus antepasados, como el tipo de vivienda en la que residen, su dieta a base de maíz, las bandoleras para transportar a los niños o las túnicas que visten las mujeres.

Los mayas actuales

■ **tejidos**
las esposas de los campesinos y los artesanos se encargaban de confeccionar los tejidos con la ayuda de sencillos instrumentos para hilar y tejer

■ **troje**
junto a las viviendas de los campesinos había a menudo un troje, que era un pequeño almacén donde se guardaban los cereales y otros productos

■ **aleros**
los tejados tenían unos aleros muy salientes, con el fin de que el agua de lluvia no mojara las paredes de la casa

hogar ■
normalmente se cocinaba al aire libre o en pequeños cobertizos de paja bien aireados

UN SISTEMA BASADO EN LOS GLIFOS

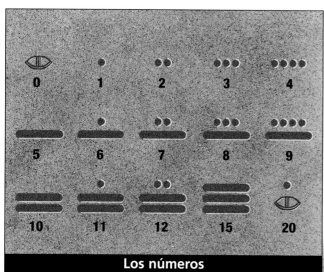

Los números

El sistema numérico de los mayas era vigesimal, es decir, no trabajaba en base 10 sino en base 20. Para representar los números utilizaban puntos para las unidades y barras para los grupos de 5.

El uso de la escritura se extendió por el territorio maya a partir del siglo III d.C., aproximadamente. Los mayas utilizaban la escritura en sus libros o códices, pero también lo hacían sobre los escalones y las puertas de los templos, en estelas y altares, sobre piezas de cerámica o de adorno y sobre tableros de piedra, de estuco o de madera. Uno de los libros mayas más importantes es el *Popol Vuh*, que recoge la rica mitología maya con sus dioses y sus rituales en lengua maya pero en escritura latina.

el sarcófago del dios Pakal ■ ┄┄┄┄
fue encontrado en el Templo de las Inscripciones, en Palenque

LOS CÓDICES

Los libros mayas, llamados códices, están escritos por ambos lados sobre finas hojas de corteza vegetal o de piel. Las páginas están unidas entre sí formando una larga tira que se dobla como un acordeón. Sólo se conservan cuatro, que se encuentran en Madrid, París, Dresde y Grolier.

■ cabezas
la imagen más común en los glifos es una cabeza humana o de animal, que suele estar representada de perfil

■ glifos
los glifos, elementos básicos de la escritura maya, son representaciones gráficas con un significado silábico

■ rectángulo
los glifos tienen forma de pequeño rectángulo que lleva grabada una imagen principal y varias imágenes complementarias

■ significado
un glifo puede representar una sílaba de una palabra, una palabra completa, o bien un día o un mes del calendario maya

■ el ocho
en este glifo aparece el número ocho, representado mediante tres puntos para las unidades y un palo para el cinco

■ glifos mixtos
los glifos que además de palabras contienen cifras combinan los símbolos silábicos con la expresión gráfica de los números

■ inscripción del sarcófago de Pakal
los glifos nos informan de su nombre, fechas de nacimiento y muerte, y de sus años de reinado

detalles ■
por lo general, el significado de las cabezas dibujadas en los glifos se desprende de pequeños detalles, como los adornos de las mejillas o la forma de la mandíbula inferior

PARA SABER MÁS

LOS GRANDES PERÍODOS DE LA CIVILIZACIÓN MAYA

1600 a.C.	Preclásico formativo
1500 a.C.	Preclásico inicial
1000 a.C.	Preclásico medio
400 a.C.	Preclásico tardío
100 d.C.	Preclásico terminal o Protoclásico
250 d.C.	Clásico formativo
534 d.C.	Clásico medio
593 d.C.	Clásico tardío
800 d.C.	Clásico terminal
900 d.C.	Posclásico formativo
1200 d.C.	Posclásico tardío
1550 d.C.	Conquista española
1696 d.C.	Período colonial

LOS DIOSES MAYAS

Hunab Ku	Era el dios único, creador del mundo y de la humanidad a partir del maíz. Nunca fue representado. Era el padre de Itzamná.
Itzamná	Estaba considerado el jefe de los dioses. Fue el inventor de la escritura, los libros y el calendario. Estaba emparentado con Kinich Ahau, el dios del Sol.
Kauil	Era el dios del Maíz y de los trabajos agrícolas.
Kukulcán	Era el dios del Viento. Se le representaba como una serpiente emplumada.
Chac	Era el dios de la Lluvia. Se le representaba con una nariz parecida a una trompa y varios colmillos.
Ah Muzenkab	Era el dios de las abejas y la miel.
Buluc Chabtan	Era el dios de la Guerra y de los sacrificios humanos.
Ek Chuach	Era el dios de los mercados.

COSMOLOGÍA MAYA

Los mayas concebían el mundo como un plano cuatripartito. Al igual que la base de una pirámide, los lados correspondían a los puntos cardinales, y eran los cuatro chacs, o dioses de la Lluvia.

Cuatro dioses conocidos como bacabes sostenían la bóveda celestial. El cielo se representaba como un monstruo de dos cabezas y se dividía en trece partes, cada una asociada a un dios particular. La realeza estaba emparentada con los seres celestiales.

El dios solar, Kinich Ahau, era uno de los dioses más importantes. A su lado estaban la Luna (la diosa Ixchel) y Venus. Al llegar la noche, el Sol penetraba en el inframundo y se transformaba en un jaguar.

¿SABÍAS QUE...

...los mayas eran gentes de piel oscura, baja estatura y con una cabeza más ancha que alta?

...el jade es una piedra verde que tenía entre los mayas mayor valor que el oro porque le atribuían multitud de poderes mágicos de carácter benéfico?

...los mayas practicaban asiduamente la caza y la pesca para obtener alimentos y pieles?

...los mayas no conocían más medio de transporte que la canoa y que las mercancías solían transportarlas a hombros los individuos de las clases sociales más bajas?

...los dirigentes mayas se deformaban voluntariamente el cráneo mediante tablillas de madera para tenerlo más alargado y con la frente inclinada?

...las aberturas del observatorio astronómico de Chichén Itzá señalan la posición de determinados astros en fechas importantes del calendario maya?

...durante el solsticio de primavera el Sol dibuja la figura de una serpiente sobre el lateral de una de las escalinatas de la pirámide central de Chichén Itzá?

...al llegar a América, los españoles descubrieron productos como el tomate, el maíz o el cacao, que eran del todo desconocidos en Europa?

...Tayasal, a orillas del lago Petén, fue la última ciudad maya conquistada por los españoles y que logró conservar su independencia hasta el año 1696?

...en el *Popol Vuh*, el libro que contiene las leyendas de los mayas, se cuenta que el dios creador compuso nueve bebidas con el maíz y de ese alimento hizo nacer la fuerza y el vigor, y dio carne y músculos al primer padre y la primera madre?

Mayas

Cultivo del maíz

Máscara de jade